Wirtshäuser im Oberland

Achim Zepp

Volker Strohmaier

Wirtshäuser im Oberland

Medienhaus

Biberacher
Verlagsdruckerei

Die Deutsche Bibliothek – CIP-Einheitsaufnahme

Ein Titeldatensatz für diese Publikation ist
bei der Deutschen Bibliothek erhältlich.

Konzeption und Text: Achim Zepp
Fotografie: Volker Strohmaier
Gestaltung: Ralf Helène
Herstellung und Verlag:
Biberacher Verlagsdruckerei GmbH & Co,
88400 Biberach, Leipzigstraße 26
Internet: www.bvd.de
Bindearbeiten:
Walter Industriebuchbinderei GmbH, Heitersheim

Printed in Germany

1. Auflage · ISBN 3-933614-01-5

Inhalt

Vorwort

Wirtshäuser sind nicht selten Denkmäler und die Wirtsfamilien oft seit Generationen im Ort ansässig. „Wirtshäuser im Oberland" erzählt demzufolge Geschichten von Leuten und von Gebäuden.
So ist die Familie Kleber seit 1671 auf der Kleber-Post in Saulgau, der „Rothe Ochsen" verkörpert Laupheimer Gesellschaftsgeschichte des 19. und 20. Jahrhunderts und der „Löwen" in Oggelshausen war einen Sommer lang Herberge von einem Dutzend Künstler, die das Skulpturenfeld im Federseeried geschaffen haben.

„Wirtshäuser im Oberland" will eine Ergänzung zu dem Buch „Wirtsleute im Kreis Biberach" sein. „Wirtsleute" hatte vor allem Originalen im Beruf des Wirts nachgespürt, „Wirtshäuser" hingegen gibt vorzugsweise Tipps zum Einkehren im nördlichen Oberschwaben: Wo man eine Auswahl von 65 verschiedenen Cocktails findet und wo hundert Weine; wo 150 Essen auf der Speisekarte stehen und wo der Wirt sein Fleisch in Bier schmort; wo Kochen und Kleinkunst eine pikante Verbindung eingegangen sind und wo ein oberschwäbischer Sommerabend an einem See mal romantisch und mal mit Live-Rock ausklingt.

Achim Zepp

Aulendorf

Die Alte Apotheke

In der „Alten Apotheke“ in Aulendorf sitzen Oma und Opa, Leberkäs essend, neben Cabernet-Sauvignon trinkenden Yuppies.

Tief im Oberschwäbischen, in der „Alten Apotheke“ in Aulendorf, stehen immer wieder mittwochs eine „Pink Lady“ und ein „Latin Lover“ an der Bar. Beide haben's in sich: Die „Pink Lady“ Zitronensaft, Eiweiß und Zucker, Grenadine und Gin, der „Latin Lover“ Limonen-, Zitronen- und Ananassaft, Cachaça und Tequila.

Die Lady und der Lover sind Cocktails – zwei von insgesamt 65, die Michael Kremser, der Wirt, seiner Kundschaft anbietet. Mittwochs, beim Cocktail-abend in der „Alten Apotheke“, sind es noch ein paar mehr, zur Erdbeerzeit etwa Erdbeercolada, Erdbeerinha oder Erdbeerdaiquiri. Der 33-jährige Michael Kremser ist professioneller Cocktail-shaker. Er gehört der Deutschen Bar-Union an und war schon mal Zehnter bei den nationalen Meisterschaften der Barmixer.

Wie so oft stand der Zufall Pate für Kremsers Faible. Als der Wirt des

„Czardas" in Bad Waldsee (das war er von 1988 bis 1997) den Tom-Cruise-Film „Cocktails" sieht, entschließt er sich über Nacht zu einer Cocktailparty in seiner eigenen Kneipe. Er kauft bunten Zucker und mixt allerhand teuflisches Zeug zusammen – Asbach und Kümmerling und Jägermeister – mit dem Erfolg, dass er in Waldsee zur Lachnummer avanciert. „Hüte Dich vor dem Kremser!", geht es durch die Stadt. Aus der Wut darüber erwächst der Wille, es allen zu zeigen. Er wälzt Bücher von Charles Schumann, Deutschlands Cocktail-Heiligem, besucht Kurse und schließlich Meisterschaften. Heute findet das Cocktailteam der „Alten Apotheke" im weiten Umkreis nicht seinesgleichen. Und doch ist der Longdrink nur Nebensache in Kremsers Wirtschaft.

Die „Alte Apotheke" ist ein Wirtshaus im besten alten Sinn. Jung und Alt sitzen beieinander: Opa und Oma, Leberkäs und Bratkartoffel essend, neben Cabernet-Sauvignon trinkenden Yuppies, Kurgäste am Tisch - neben einheimischen Sportlern. Und alle kommen sie, weil das Ambiente stimmt und der Service. Die u-förmige Gaststube des denkmalgeschützten Hauses besitzt sozusagen antiquarischen Charme. Da stehen noch die echten Schränke und Vitrinen des

letzten Apothekers Alfred Hund an den Wänden, bestückt mit originalen Flaschen und Gläsern, und auch das Mittelstück der Bar ist die einstige Theke des Apothekers. Der Boden der Wirtschaft setzt sich aus vier verschiedenen Materialien zusammen: aus abgeschliffenem altem Estrich, aus Ziegeln, Terrakotta-Platten und einem hölzernen Riemenboden, der diese Teile miteinander verbindet. An den Wänden hängt Pharma-Werbung aus den Fünfzigerjahren („Ich hab's, Fräulein Kron: Bei Schmerz Melabon!"), auf den Fenstersimsen stehen alte Waagen. Kremser hat es geschafft, ein Sammelsurium von Möbeln zu einem geschmackvollen Ganzen zu verschmelzen – ohne nostalgische Süße. Das 1563 wohl von Johann Jakob von Königsegg-Aulendorf erbaute Haus mit seinem Staffelgiebel war im Lauf der Zeit übrigens Gerichts- und Beamtenhaus, Wirtschaft und Poststation und eben immer wieder Apotheke.

Besonderes Augenmerk legt der gelernte Wurst- und Käseverkäufer Kremser auf den Service. Für die kurze Zeit in seiner Wirtschaft, sagt er, sollen sich die Leute wie im Urlaub fühlen. Die Bedienung sollte flink und freundlich sein, und wenn der Kundschaft etwas nicht passt, dann will er wissen, warum. Kremser braucht die Rückmeldung, sonst ist es ihm nicht wohl in seiner Haut. Aus diesem Grund schickt er seine Leute immer wieder zum Essen in vergleichbare Lokale – die Zeche zahlt selbstverständlich der Chef – und lässt sie anschließend einen Fragebogen ausfüllen: Wie hat es dir geschmeckt? Stimmt das Preis-/Leistungsverhältnis? Wie sahen die Aschenbecher aus? War die Musik zu laut? Wie beurteilst du den Service im Vergleich zu deinem eigenen? Außerdem gibt es in der Alten Apotheke ein „Übergabebuch", das genau vermerkt, wie der vorige Abend gelaufen ist. „Heutzutage kann man sich keinen Schlendrian mehr erlauben", sagt der Wirt, der es wissen muss. Schließlich hat er auch schon gastronomisches Lehrgeld bezahlt.

Aspirin und Virgin Mary

Michael Kremser und sein „Apotheken"-Team haben sichtlich Freude am Detail. So steckt am Mineralwasserglas eine Erdbeere und ab und zu sitzt im Eiswürfel eine Himbeere;

zum Wein gibt es Oliven und Käse und nach dem Essen bekommt der Gast einen selbst gemixten Apothekerlikör spendiert – im Reagenzglas. Und Witz und Phantasie hat das Team auch. Wer einem übernächtigten Freund etwas Gutes tun will, kann ihm in der „Alten Apotheke" einen Frühstücksgutschein „Harald Juhnke" kaufen. Das ist ein großer schwarzer Kaffee mit Kirschwasser und selbst gedrehter Zigarette. Oder vielleicht ein Katerfrühstück: Aspirin, ein Glas Wasser, einen doppelten Espresso und eine ziemlich grässliche „Virgin Mary" mit Tomatensaft, Zitronensaft, Gewürzen und Tabasco. Igitt! Aber wen wundert's? Wissen wir doch seit Shakespeares „Romeo und Julia", dass alles Unglück aus der Apotheke kommt – glücklicherweise aber auch rasche Linderung: „Oh wackrer Apotheker, Dein Trank wirkt schnell!"

Alumen crud.pulv.
Calcar. chlorat.
Borax.

Bad Schussenried

Der Weinstadl Abt

Ein Dutzend Leute von weit her besucht Heinz Abts Weinstadl regelmäßig einmal im Jahr – der Besuch gleicht einer Wallfahrt zum Ort des gefundenen Glücks.

Was sucht der heilige Vitus bloß im „Weinstadl"? In einer vergitterten Nische der Außenwand kauert der betende Märtyrer in einem Kessel. Wegen seines Glaubens soll Vitus während der Verfolgung durch den römischen Kaiser Diokletian in siedendes Öl geworfen worden sein. Was also sucht Vitus in der Fassade einer ganz normalen Wirtschaft? Ziemlich einfach: Vitus ist irgendwann umgezogen, und zwar von der 1831 niedergelegten St.-Vitus-Kapelle, die in unmittelbarer Nähe stand. Vitus ist im Übrigen der Patron der Bierbrauer und Winzer und er zählt zu den 14 Nothelfern. Also passt er doch trefflich zum Weinstadl und zu Heinz Abt, dem Wirt.

Altdeutsche Stube

Vieles am Weinstadl verbindet die Gegenwart mit der Geschichte. Da steht zum Beispiel in einer Rundbogennische hoch oben im Giebel eine Marienfigur mit Kind, vermutlich aus der Werkstatt des Bildhauers Jörg Zürn. Und wer das Gasthaus betritt, dem fallen vier in die Tür eingelassene Reliefs auf:

im klassizistischen Stil aus Lindenholz geschnitzte Allegorien der vier Jahreszeiten. Das Innere des Weinstadls besitzt den Charakter einer altdeutschen Stube. Die wuchtigen Deckenbalken, die getäfelten Wände und die gepolsterten Bänke geben der Gaststube den Anflug des Heimeligen, Alten. Das Haus weist im Übrigen zurück ins frühe 17. Jahrhundert. Damals errichtete das Kloster Schussenried an der Hauptstraße das sogenannte Schmiedshaus, das Haus der Schmiede. 1809 wurde dieses Handwerkerhaus zum oberschwäbischen Bauernhaus. Als der Platz im Ort im Lauf der Zeit zu eng wurde, siedelte Bauer Stallbaumer, dessen Geschlecht 200 Jahre auf dem Hof war, 1961 aus und er verkaufte das Anwesen an Heinz Abt und seine Mutter Bertha.
Im März 1962 eröffnet der Weinstadl, nachdem das Haus praktisch vollständig ausgehöhlt worden war.
Heinz Abt besitzt eine enge Verbindung zum Wein. Er hat, wie schon sein Vater Hans, Küfer gelernt und die Weinbauschule in Neustadt an der

Weinstraße besucht. Aus dem Weinhändler Heinz Abt ist 1962 der Wirt Abt geworden. Zirka 40 offene Weine wurden zur besten Zeit des Weinstadls an die Kundschaft ausgeschenkt, heute sind es immerhin noch acht. Und weil der Wirt sich zum deutschen Wein bekennt, gehören die aus der Pfalz und aus dem Frankenland zu seinen Favoriten. Was ihm selbst nicht mundet, sagt er, verkaufe er auch nicht in seiner Wirtschaft. Mittlerweile trinken die Gäste im Bad Schussenrieder Weinstadl häufiger und mehr Bier als Wein. Auch darauf hat sich Heinz Abt längst eingestellt. So bietet er in jedem Jahr zum Oktoberfest Münchner Oktoberfestbier an und in der Fastenzeit zwei Wochen lang Starkbier, beides, versteht sich, vom Fass.

Kohler-Connection

Viermal in der Woche ist im Weinstadl noch Stammtisch – teilweise mit Sitzordnung. Jeder weiß, wo er Platz zu nehmen hat und wo besser nicht. Stammtischpolitisch gesprochen gehört der Weinstadl in die konservative Ecke. Heinz Abt ist seit Jahr und Tag ein guter Freund von Altbürgermeister Hubert Kohler. Zu Zeiten, da der Grünen-Bundestagsabgeordnete Oswald Metzger noch als Stadt-Revoluzzer Aufsehen erregte, traf sich im Weinstadl die konservative Kohler-Connection, während die jungen Wilden Bad Schussenrieds in der Pizzeria Vesuvio tagten. Konservativ im guten Sinne ist auch Heinz Abts Tanzlokal, die Tenne

im ersten Stock des Hauses, die heuer 30 Jahre alt wird. Als Bad Schussenried noch voller Kurgäste war, war in der Tenne jeden Abend der Bär los, obwohl es noch sechs weitere Tanzlokale in der Stadt gab. Übrig geblieben ist nur die Tenne. „Zwei unserer Stammgäste sind 70 Jahre alt", sagt Heinz Abt. „Und ein Pärchen kommt seit vielen Jahren jeden Samstagabend aus Balingen zu uns zum Tanzen." Ein rundes Dutzend Eheleute, die sich als Kurgäste irgendwann in der Tenne kennen gelernt hatten, besuchen Heinz Abt regelmäßig einmal im Jahr – eine Wallfahrt zum Ort des gefundenen Glücks gewissermaßen. „Und die wollen dann genau den Tisch reserviert, an dem sie damals gesessen sind."

Bad Waldsee

Der Grüne Baum

„Gomm'r in Bomm!" ist in Bad Waldsee ein geflügeltes Wort: „Gehen wir in den Baum!" Gemeint ist der Hotelgasthof von Sigrid und Berthold Schmidinger.

Gegen diese aufmerksamkeitheischende Fassade kommt man nicht an. Als Stein gewordenes Symbol einstiger Wohlhabenheit, ja Kunstbeflissenheit des Bürgertums überragt der filigrane gotische Giebel des Rathauses die Bad Waldseer Fußgängerzone. Wie ein tapferer Weggefährte flankiert das würdige Bauwerk seit nunmehr 230 Jahren der „Grüne Baum". Und dieser „Baum" steckt seinem Alter zum Trotz „voller Leben". So verspricht es jedenfalls die Speisekarte im Restaurant und so erfährt es am eigenen Leib auch die Kundschaft.

Der Hotelgasthof „Grüner Baum", der 1769 als „Tafernwirtschaft" erstmals erwähnt ist, hat in beneidenswerter Weise den Generationswechsel geschafft. Der „Baum" – um bei diesem Bild aus der Natur zu bleiben – wurzelt fest in der Tradition. Dafür stehen die rustikale Bürgerstube im vorderen Bereich des Hauses und die Seniorchefin Berta Schmidinger mit ihrer obligatorischen weißen Kittelschürze. Für die jungen Triebe, für die Blüten des grünenden Baums, stehen das Hofrestaurant im hinteren Bereich und

Berta Schmidingers Sohn Berthold mit seiner Frau Sigrid, und ein aufmerksames Team junger Mitarbeiter.

„Traumhafter Beruf"

Der „Grüne Baum" gehört den Schmidingers seit 1889. Bis 1926 brauten sie ihr Bier noch selbst, bis 1967 mälzten sie Gerste für umliegende Brauereien und bis 1968 trieb Richard Schmidinger neben der Wirtschaft eine Landwirtschaft um. Als kleine Reminiszenz an die Mälzerei ist das Märzenbier zu verstehen, das die Schmidingers heute ausschenken: ein dunkelblondes naturtrübes Bier mit herb-würzigem Geschmack. Berthold, der jüngste der drei Söhne von Richard und Berta Schmidinger, weiß früh, wohin sein beruflicher Weg führt. Mit 17 lernt er Koch im „Rössle" in Bad Wurzach, anschliessend arbeitet er in der „Traube" in Plieningen, die damals noch mit einem Michelin-Stern dekoriert ist; mit 23 ist er Küchenmeister. Am 1. Januar 1988 übernimmt er von der Mutter den „Grünen Baum" zusammen mit seinem Bruder Roland, und seit Ende 1989, seit der Eröffnung des Hofrestaurants, sind Berthold und seine Frau Sigrid die alleinigen Inhaber des Hotelgasthofs.

Keyboarder wäre er in jungen Jahren gern geworden, der Berthold Schmidinger, oder ein allseits bekannter Fußballstar oder Olympiasieger im Rudern. Immerhin brachte er es im Doppelvierer bis zur Württembergischen Meisterschaft; trainiert hat er hinterm Haus, auf dem Waldseer Stadtsee.

Die Geradlinigkeit eines Ruderers, dessen exakte Ausrichtung am Start und das stringente, schnörkellose Anvisieren des Ziels: das steckt noch heute in dem 38-jährigen Chef des „Grünen Baums". „Gastgeber zu sein ist ein traumhafter Beruf", sagt der Koch Berthold Schmidinger in der ihm eigenen selbstbewusst-sympathischen Art.

Die Schmidingers bauen in ihrem Gasthof vor allem auf Teamgeist und respektvollen Umgang miteinander. „Eine Bedienung, die in der Küche dauernd zur Schnecke gemacht wird, kann doch im Lokal kein ehrlich gemeintes freundliches Gesicht aufsetzen", sagt der Chef, der sich selbst auch einreiht in sein Team: „Wenn ich diesen weißen Kittel hier anhabe, dann tu' ich auch was, den trag' ich nicht nur spazieren."

Die Schmidingers aus Bad Waldsee sind gewissenhaft bemüht, ihrem Haus ein modernes Gepräge zu geben. Sie ver-

stehen sich als Unternehmer, die ihren Dienstleistungen, wo immer es geht, eine besondere Note verpassen wollen. So machen sie die Kundschaft in einem scheckkartengroßen Leporello mit etlichen „baumstarken Aktionstagen" im Jahr 1999 bekannt. Und die Menükarte hat der Waldseer Künstler Richard W. Allgaier gestaltet. Das Motiv: ein festlich gedeckter Tisch im Innern eines prächtig blühenden Baumes. Untertitel: „Gomm'r in Bomm!"

Bad Waldsee

Das Möhrenpick

Dass er mal Küchenchef in einem vegetarischen Restaurant wird, dazu noch im eigenen, hätte sich Bernd Matthäus, der Wirt des „Möhrenpick“, nicht träumen lassen.

Wenn Bernd Matthäus ab und zu in Bad Waldsee auf den Sportplatz geht, isst er eine rote Wurst. Weil zum Fußball eine rote Wurst gehört – und keine Gelbe Rübe. Der Wirt des vegetarischen Lokals „Möhrenpick“ in Bad Waldsee erhebt die Alternative „Wurst oder Wirsing?“ nicht zur Glaubensfrage. „Was man isst, muss schmecken“, sagt er. Und seine Gäste sind zufrieden mit dem, was Matthäus kocht: mit dem Pilz-Stroganoff zum Beispiel, den gefüllten Gemüse-Pfannkuchen oder den panierten Auberginen.

Das vegetarische Restaurant in der unscheinbaren Herrgottsgasse am Rand der Waldseer Altstadt hält sich gut seit elf Jahren – ohne spektakuläre Aktionen. Ein dreiviertel Jahr lang hatten Matthäus und ein befreundetes Paar, beide übrigens Vegetarier, das Obergeschoss des damals baufälligen Hauses selbst saniert – gemauert und gemalt, Tische und Täfer aus Birnbaum geschreinert und die Heizung installiert – und im November 1988 eröffnet. Karin Volkwein und Karl-Heinz Kremmler waren für die Küche zustän-

dig, er, Matthäus, für den Service. „Wir haben einen Traumstart hingelegt", sagt Matthäus heute. Das „Möhrenpick" mit seinen gut 30 Plätzen lief vom ersten Tag an sehr gut, obwohl keiner der drei Inhaber gelernter Koch oder aus dem Hotelfach war. „Mangelndes Wissen haben wir durch viel Einsatz wettgemacht." Und „Graswurzel-grün" lag zu dieser Zeit auch im Trend. Nach fünf Jahren ging das Geschäft allerdings merklich zurück und nach acht Jahren stiegen seine beiden Kompagnons aus. Man hatte sich auseinander gelebt. Seither ist Bernd Matthäus allein für Küche und Service, für Einkauf und Organisation des „Möhrenpick" zuständig. Dass er mal Küchenchef wird, hätte er sich nicht träumen lassen. „Ich war nie Hobbykoch. Ich bin einfach reingewachsen", sagt einer, der in so

vieles hineingewachsen ist im Laufe seines bisherigen Lebens.

Nur tun, was man gern tut

Nach dem Abitur beginnt der politisch aktive Biberacher mit dem Studium an der PH Weingarten. Im dritten Semester springt er ab – eine Anstellung als Lehrer hätte er in den Zeiten des Radikalenerlasses ohnehin nicht erhalten. Er fährt Lastwagen, macht eine Lehre als Gießer, betreibt eine Druckerei; schließlich arbeitet er im Gartenbau und auf dem Waldseer Gemüsemarkt; und nebenher bedient er im „Theadler" in Unterschwarzach, was ihm gefällt.

Überhaupt scheint es, dass Matthäus nur so lange etwas tut, wie er es gern und überzeugt tut. „Wenn ich mich

jeden Morgen zur Arbeit zwingen müsste, würde ich sofort aufhören", sagt er: „Das wiegt doch kein Geld der Welt auf." Gern und überzeugt getan hat er auch seine Arbeit für die Grüne Alternative Liste im Gemeinderat in Bad Waldsee, anfangs jedenfalls, bis er merkte, dass kleine Fraktionen nicht in der Lage sind, irgendetwas auszurichten. „Die Verwaltung braucht uns doch nur, um den Schein der Demokratie zu wahren", sagt er eher demotiviert als enttäuscht.
Der „Taz"-Leser Matthäus zieht eindeutig das Sein dem Schein vor, auch in seinem vegetarischen Restaurant. Er sagt: „Man muss zu dem stehen können, was man macht."

Handgeschriebene Speisekarte

Das Etikett „Bio", mit dem mancher Schmu getrieben wird, verwendet er auf seiner Karte nicht. Im Sommer hat er zwei Biobauern, die ihn mit ausreichend Gemüse beliefern, winters wird die Sache schwierig, weil es dann hierzulande nur Kartoffeln, Zwiebeln und Möhren gibt. Also behilft er sich auch schon mal mit ausländischem Gemüse. Könnte er es sich seiner

Kundschaft gegenüber leisten, böte Matthäus täglich nur drei frische Gerichte an, und zwar jeden Tag etwas anderes. „Das geht nicht“, sagt er, „weil es heute offenbar den Ansprüchen eines Speiselokals nicht mehr genügt.“ So hat Matthäus auf seiner Karte – die er übrigens alle zwei, drei Wochen neu, und zwar von Hand fast wie ein Kalligraf schreibt – meist acht verschiedene Hauptspeisen, fünf Vorspeisen, dazu drei Suppen und zwei Salate und einige „Süßlichkeiten“ und (so steht es wörtlich auf der Karte): „wenn es sein muss Pommes frites mit Ketchup“.

Für „Hungrige, Neugierige, Sich-nicht-entscheiden-Wollende“ hat der Wirt und Koch des „Möhrenpick“ ein 5-Gänge-Überraschungsmenü auf seiner Karte.
Genau hier, in der Überraschung, wohnt die Vorliebe des Bernd Matthäus. Hier ist er ungebunden, hier kann sich der Nonkonformist als Koch ausleben. Aus diesem Grund, weil er sich ab und zu ausleben will, arbeitet Matthäus im Urlaub manchmal auf dem Bau mit: „Da siehst du nachher auch, was du geschafft hast“, sagt er: „Da ist am Schluss nicht alles aufgegessen.“

Bad Wurzach

Der Adler

Der renommierte Restaurantführer „Michelin" hat Bernd Gut und seinen „Adler" in Bad Wurzach für sorgfältig zubereitete und zugleich preiswerte Mahlzeiten mit einem Bib-Gourmand ausgezeichnet.

Für oberschwäbische Verhältnisse ist Bernd Guts Weinkarte schlicht sensationell. In seinem Keller liegen Burgunder und Bordeauxs der Jahrgänge 1989 und 1990, Grand Crus dutzendweise, Chiantis, Barberas und Brunellos, Weißweine von der Loire und aus Kalifornien, aus der Toskana und dem Piemont.

100 verschiedene Weine

Guts Liebe zum Wein erweist sich als wahres Geschenk für seine Kundschaft. Die nämlich hat (noch) die Wahl zwischen 100 verschiedenen Weinen, drei Viertel davon Rotweine. Im Lauf der Zeit wird der 37-jährige Chef und Koch des „Adler" in Bad Wurzach die Weinkarte auf 50, 60 Weine reduzieren müssen, weil ihm seine Leidenschaft zu teuer wird. „Bei den Bordeauxs und Burgundern fährt der Zug künftig ohne uns ab", sagt er mit Bedauern, „die sind mittlerweile nicht mehr bezahlbar."
Vor einiger Zeit hat er wieder ein Weingut im Piemont aufgetan, das ihm einen

prächtigen Barbera liefert – zu humanen Preisen. Die Guts mögen Italien. Dort haben sie etliche Mal Urlaub gemacht, und während seiner beruflichen Wanderschaft hat der Koch Bernd Gut Mitte der Achtziger zwei Jahre in Ascona in der Gastronomie gearbeitet. Zuvor sammelte er Erfahrung im Parkrestaurant in Donaueschingen, im „Löwen“ in Oberstaufen, in der „Traube“ in Plieningen und im Partenkirchner Hof in Garmisch.

Schlicht und schön

Gelernt hat der geborene Wurzacher im städtischen Kurhaus, das 1997 auf Grund der Krise im Kurwesen schließen musste, so wie 1998 das „Rössle“, eine andere Wurzacher Wirtschaft mit Reputation. Der „Adler“ hat diese schwierige Zeit überstanden. Die Gaststube des 1994 grundlegend modernisierten Hauses mit 18 Fremdenzimmern wirft heute ein Licht auf das gesamte Konzept der Familie Gut: das Innere wirkt

maßvoll und unaufdringlich, schlicht und schön zugleich.
Auch die Guts pflegen die leisen Töne und die unaufdringliche Art. Bernd Gut würde sich nie selbst auf die Schulter klopfen, obwohl er Grund dazu hätte.

Prämierter Gasthof

Der renommierte Restaurantführer „Michelin“ hat ihn „für sorgfältig zubereitete, preiswerte Mahlzeiten“ mit einem „Bib-Gourmand“ ausgezeichnet. So prämierte Gasthöfe – der „Adler“ ist übrigens weit und breit der einzige – sind Orte weniger für den Gourmet, den Feinschmecker, als für den Schlemmer, den Gourmand. Genügend, gut und günstig: So muss das Essen sein für einen „Bib-Gourmand“, und für die Wurzacher sowieso. Wo man das Geld zusammen hält, braucht es einen Anlass, um in der

Wirtschaft zu essen. Und wenn es dort das eine Mal im Jahr, das man sich gönnt, gut und günstig war, streichelt sich der Oberschwabe nachher durchaus zufrieden über den Bauch. Das weiß Bernd Gut sehr wohl, und das wusste seine Mutter Elsa, die heute noch den Frühdienst übernimmt, und Großmutter Kreszentia wusste es auch.

„Ich werde Busfahrer oder Koch"

Die Wirtschaft in der Schloßstraße 145 in Bad Wurzach war zwei Generationen lang reine Frauensache. Die Männer hatten anderes zu tun. Großvater Bernhard, der 1931 die Erlaubnis erhielt, direkt neben dem Rathaus, einen Steinwurf vom Schloss entfernt, „in zwei Zimmern des Erdgeschosses, in einem Saal im ersten Stock und in vier Fremdenzimmern die dingliche Gastwirtschaft mit dem Schild ‚zum Adler' zu betreiben", dieser Großvater also war Postfuhrunternehmer. Er besaß den ersten Omnibus in Wurzach und den ersten Mietwagen. Als am 5. März 1936 der Zeppelin LZ 129 in Friedrichshafen zur Jungfernfahrt aufsteigt, sind unter den Tausenden begeisterten Schaulustigen auch einige Wurzacher, chauffiert von

Bernhard Gut. Dessen Sohn tat es dem Vater gleich; er hatte ein Omnibus- und Taxiunternehmen und fuhr außerdem jahrelang den Wurzacher Leichenwagen. So stand auch für den jungen Bernd Gut bald fest: „Ich werde Busfahrer oder Koch."

Wäre der Chef des „Adler" Busfahrer geworden, müssten seine Gäste heute auf den geschmorten Ochsenschwanz verzichten, eine seiner Spezialitäten, auf die Linsen mit Spätzle und die Sauren Kutteln, auf die Maultaschen und das Sahneschnitzel. Und auf seine Rotwein-Empfehlung für den Sommer: eine frische, fruchtige Kalterer-See-Auslese.

Berkheim

Der Ochsen

Wer im „Ochsen" in Berkheim einen Blick in die Speisekarte wirft, traut seinen Augen kaum. Vorspeisen und Vesper eingerechnet findet der Gast dort 150 verschiedene Essen.

Auf einem Sockel im Nebenzimmer des Gasthofs „Ochsen" in Berkheim steht Willebold in Gold gefasst. Willebold ist Berkheims Dorfheiliger. Er war um 1230 als Pilger unterwegs nach Santiago de Compostela oder nach Jerusalem oder vielleicht auch nach Rom - jedenfalls wollte er sich von seinen Sünden lösen und den Frieden mit sich und den Menschen finden. Auf diesem Weg kam Willebold auch durch Berkheim und ist in der Nacht auf Allerseelen hier gestorben.

Die Legende sagt, die Glocken der Pfarrkirche hätten in diesem Moment von selbst zu läuten begonnen, gleichzeitig hätte sich himmlischer Wohlgeruch verbreitet. Die Heiligenfigur in der nach ihm benannten Willeboldsstube im „Ochsen" verströmt zwar keinen Wohlgeruch, aber die Wirtsfamilie Raidt hält ihn als Beschützer des Hauses in Ehren. Dieser geschnitzte Willebold – übrigens ein Geschenk von Verwandten und Bekannten zum 50. Geburtstag der Wirtsleute Elfriede und Josef Raidt – ist Sinnbild für die Wirtschaft zum „Ochsen". Er steht für die Verwurzelung der Familie im Dorf und im katholischen Glauben. Der „Ochsen" in Berkheim ist eine typisch schwäbische Wirtschaft mit Metzgerei, die als Familienbetrieb geführt wird. Josef Raidt und Sohn Manfred sind beide Metzgermeister, Sohn Andreas ist Koch und steht mit der Mutter zusammen in der Küche. Die anderen beiden Söhne, Bernhard und Günter, haben mit der Wirtschaft nichts am Hut.

Wer im „Ochsen" einkehrt, sich niedersetzt und einen Blick in die Speisekarte wirft, traut seinen Augen nicht. Desserts, Vorspeisen und Vesper eingerechnet, findet der Gast dort 150 verschiedene Essen; viele davon – da lacht das Herz des Oberschwaben – schwäbische Leibspeisen: Saure Kutteln und Schweinebraten, Flädla- und Hochzeitssuppe, Ochsenmaulsalat und Kassler Ripple, hausgemachter Presssack und kalter Braten, Zwiebelrostbraten, „Lombasubba" und „Spätzla mit Soß".

Wer am Freitag- oder Samstagabend einen Platz will, muß reservieren,

sonst dürfte er Pech haben. Die gut hundert Plätze in der Wirtschaft sind nämlich meist alle besetzt. An diesen Tagen ist Josef Raidt praktisch den ganzen Abend im Haus unterwegs. Was ihm seine Frau Elfriede und Sohn Andreas an Bestellungen aus der Küche auftragen, holt er frisch aus der Metzgerei im anderen Teil des Hauses. Die schier ausufernde Speisekarte ist überhaupt nur möglich, weil eine Metzgerei zur Wirtschaft gehört, eine Metzgerei, in der es allein 80 verschiedene Wurstsorten gibt.

Der Berkheimer „Ochsen" stand nicht immer so gut im Futter wie heute.
Als Ende der Siebzigerjahre der Autobahnzubringer eröffnet wird, haben die Berkheimer Wirtsleute schlagartig kein Geschäft mehr. Bis zu diesem Zeitpunkt lief nämlich die B 312 haarscharf an der Haustür vorbei und war somit Zubringer für den „Ochsen".
Damals spielte Josef Raidt ernsthaft mit dem Gedanken, die Wirtschaft aufzugeben.
Doch seine zupackende Frau hat sich nicht unterkriegen lassen. Sie lernte

auswärts, im Klosterhof in Gutenzell, die Feinheiten des Kochens und fuhr extra nach Tübingen ins Regierungspräsidium, um sich die Erlaubnis für große Werbetafeln an der neuen Bundesstraße zu holen. Und tatsächlich: Langsam ging es dem „Ochsen" wieder besser. Seither haben die Raidts mehrmals umgebaut und erweitert und 15 Fremdenzimmer eingerichtet. Heute sind im Gasthof und in der Metzgerei insgesamt 40 Leute beschäftigt, 20 Angestellte und 20 Aushilfen.

Demonstrierende Wirtin

Als Deutschlands Gastronomen im Sommer 1999 in Bonn gegen das sogenannte 630-Mark-Gesetz demonstrierten – überhaupt das erste Mal, dass Wirte öffentlich aufbegehrten – da war die Oberschwäbin Elfriede Raidt selbstverständlich dabei. Sie ist die Seele des Hauses, sie hat stets die Fäden zusammen gehalten, selbst zu Zeiten, da sie in fünf Jahren vier Buben geboren hat.
Die einstige Knechtewirtschaft zum „Ochsen" – die Bauern und Bürger saßen übrigens in der „Krone" dreihundert Meter dorfeinwärts - ist heute ein gediegenes Speiselokal mit Kundschaft aus einem Umkreis von 40 Kilometern. Als der „Ochsen" 1980 vom Landratsamt das erste Mal mit dem Prädikat „Gute Gaststätte im Landkreis Biberach" ausgezeichnet wurde, legte Landrat Steuer der Familie Raidt ans Herz: „Bleibet bodaständig!" Die Berkheimer Wirtsleute haben's nicht vergessen.

Dietmanns

Der Adler

Der „Adler“ in Dietmanns ist eine Wohlfühlwirtschaft samt schön eingewachsenem Biergarten, betrieben von zwei beherzten Wirtsleuten.

Dieter Hierlemann ist ein Faktotum: Er kauft ein und kocht, er schneidet Hecken und spaltet Holz, er macht die Büroarbeit und er ist sein eigener Hausmeister – und das Programmheft für seine Livebühne schreibt und gestaltet der Dietmannser Adlerwirt auch selber.

Der „Adler“ ist, was einem selten unterkommt: Kneipe, Restaurant und Kleinkunstbühne in einem Haus. Die Kneipe: Holzboden und dunkles Holztäfer; Kachelofen, beinharte blank gewetzte Tische und Stühle; vergoldete Putten aus Pappmaché im Herrgottswinkel (die verweisen auf Hierlemanns Hang zur Satire); und Musik, mal rockig, bluesig, jazzig.
Das Restaurant (um Missverständnissen vorzubeugen, sei gesagt: Kneipe und Restaurant sind ein und derselbe Raum): gedämpftes, warmes Licht; gute Bedienung; eine Speisekarte mit mehr

Gerichten als Sitzplätze da sind im Lokal (immerhin 45); und Stil. Das Gasthaus hat Stil – oberschwäbischen Stil, wenn es einen solchen gibt.

Hobby mit Werbeeffekt

Der „Adler" ist eine unprätentiöse Wohlfühlwirtschaft samt schön eingewachsenem Biergarten, betrieben von zwei beherzten Wirtsleuten, Dieter und Iris Hierlemann. Sie ist gelernte Hotelfachfrau und geht bis heute halbtags einem Sekretariatsjob nach; er hat einige Jahre Theaterwissenschaft, Zeitungswesen und Politik studiert.

Als seine vitale Mutter Maia – sie war im Ortschafts- und Gemeinderat, Schöffin am Amtsgericht und natürlich Adlerwirtin – als die Mutter an Tumor erkrankt, unterbricht der Wirtssohn Dieter Hierlemann sein Studium und übernimmt die Wirtschaft. Nach ihrem Tod (sie ist erst 51, als sie stirbt) führt er, damals 24, den „Adler" weiter, und zwar zunächst so wie gehabt bei Sepp und Maia Hierlemann. Nach und nach kommen ihm, wer weiß warum, die Gäste abhanden, tagelang sitzt er allein am Stammtisch. Schließlich baut er um und macht den „Adler" zu dem, was er heute ist.

Obwohl er nie in einer fremden Küche gelernt hat, versteht Dieter Hierlemann zu kochen. Zwei treue Gäste kommen seit Jahr und Tag aus Markdorf, weil sie auf seine Schweinelendchen in Madeirasoße schwören, und der Koch eines vegetarischen Restaurants vom Bodensee pflegt in schöner Regelmäßigkeit im Dietmannser „Adler“ einzukehren, incognito, um sich am Zwiebelrostbraten gütlich zu tun. Den indischen Reiscurry und das gebratene Gemüse griechischer Art verschmäht er geflissentlich. Weithin bekannt gemacht hat den „Adler“ die Livebühne oben im ersten Stock. Die Hierlemanns nennen ihre Kleinkunstbühne, die seit 1989 existiert, ein „Hobby mit Werbeeffekt“. Das Programm hat sich im Lauf der Jahre dem Geschmack des Publikums entsprechend etwas verändert: weniger Schräges, dafür mehr Mainstream. Was sich nicht geändert hat, ist die Qualität des Programms. Ein Abend im Adlersaal lohnt sich fast immer, zumal der eher kleine Raum mit Kachelofen, Riemenboden und großformatigen farbigen Bildern an den Wänden abends eine für Säle selten gewordene, herzerwärmende Stimmung schafft.

„Da blieb uns die Spucke weg“

Wer war nicht schon alles in Dietmanns? Eisi Gulp und Klaus-Peter Schreiner, Michael Mittermaier und Bernd Lafrenz, Nessi Tausendschön und Rosa K. Wirtz, die Schwabenoffensive und die Schuftnudeln, Volksdampf und die „Gallerie“, die „Tanten“ und die „Wilden Weiber“. Viele haben bereits mehrere Gastspiele absolviert. „Unsere Bühne“, sagt Dieter Hierlemann, „steht etablierten Künstlern genauso offen wie jungen unbekannten." Und die meisten, die da waren, haben, aus welchem Grund auch immer, eine besondere Affinität zum „Adler". Und der Wirt hat so manche Geschichte parat.

Im Frühling 1990, erinnert er sich, spielte wieder mal „No limits" im „Adler", damals die Hausband. Nach dem Konzert saß man, original „Werner Brösel Bölkstoff" zechend, bis um fünf Uhr morgens zur Manöverkritik zusammen. Todmüde gehen Iris und Dieter Hierlemann endlich ins Bett – ohne vorher den Saal aufzuräumen. Irgendwann nach dem sonntäglichen Frühschoppen ist die Überraschung komplett: Lautlos und unbemerkt hat der harte Kern von „No Limits" den Raum sauber gemacht, Gläser gespült und die Aschenbecher ausgeputzt. „Da blieb uns glatt die Spucke weg!"

Die Brauereiwirtschaft Berg

Hans und Lucia Braig führen ihre Gaststätte bewusst als Brauereiwirtschaft, in der sich Arzt wie Arbeiter gleichermaßen wohl fühlen.

Nicht nur die Bierkarte verrät dem Gast: In dieser Wirtschaft dreht sich alles ums Bier. Hans Braig, Wirt, Koch und Pächter der Brauereiwirtschaft Berg, bietet auf seiner Speisekarte biergebeizten Tafelspitz an und in Bier geschmorte Schweinebäckchen, Bierrahmsuppe und ein Bierkutscherschnitzel. Sogar die Linsen kocht Braig in Bier. Und wer nach einer herzhaften Mahlzeit seiner Verdauung nachhelfen will, bestellt ein „Bräumeister-Schnäpsle", einen Klaren, destilliert aus echtem, ausgereiftem und filtriertem Bier, aus „Bräumeister Pils".

Die Familie Zimmermann

An diesem Pils lassen sich Geschichte und Gegenwart der Berg-Brauerei trefflich darstellen. Der Braumeister, dessen Namen das Pils trägt, heißt Ulrich Zimmermann (1884–1935). Nach dem Tod seiner beiden Brüder lernt besagter Ulrich, Zimmermann übrigens auch von Beruf und Architekturstudent, das Bierbrauen. 1911 baut er nach eigenen Plänen die neue, die heutige Brauereiwirtschaft. Im gleichen Jahr schenkt

BRAUEREIWIRTSCHAFT

Braumeister Ulrich am 8. Juli beim St.-Ulrichs-Fest in Berg ein Bier aus, das im Dorf bald nur noch Ulrichsbier heißt. Auf seiner Reise durch das Reich soll Papst Gregor V. 1052 höchstpersönlich die Burgkapelle in Berg dem heiligen Ulrich geweiht haben. Ob der Volksmund das Bier nach dem heiligen oder dem hiesigen Ulrich benannt hat, spielt längst keine Rolle mehr. Heute steht das kastanienbraune Ulrichsbier in der formschönen Flasche mit Bügelverschluss praktisch für das Image, das Bild der Berg-Brauerei: Zu sehen auf Werbeflächen am Straßenrand als vier Meter lange gebräunte Liegende oder als vier Zentimeter kleiner Anstecker

am Revers des Sakkos von Uli Zimmermann, dem Chef der Brauerei. Uli Zimmermann vertritt seinen Berufsstand und sein Bier mit ausnehmender Begeisterung. So bietet er allmonatlich dreitägige Bierseminare an und im alten Bräuhaus hat er ein kleines Brauereimuseum eingerichtet.

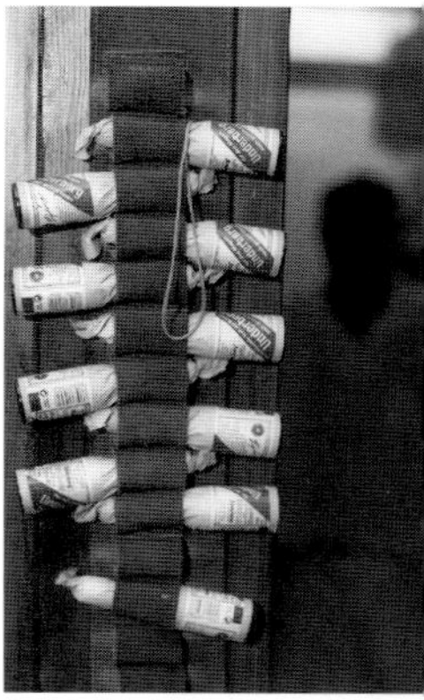

Tradition nimmt in die Pflicht, das wissen auch Hans und Lucia Braig (eine geborene Weber), nach 525 Jahren die ersten und bisher einzigen Pächter der Brauereiwirtschaft. Beider Familiennamen tauchen zufälligerweise auch in der Stammtafel der Berg-Brauerei auf: seit 1573

war ein Josef Braig Inhaber von Wirtschaft und Brauerei, seit 1666 ein Michael Weber (der erste Zimmermann hieß übrigens Cyriakus; er, Müllersohn aus Mühlhausen, heiratet 1757 Anna Maria Weber). Die Braigs führen die Gaststätte nicht als Restaurant, sondern bewusst als Brauereiwirtschaft, in der sich der Arbeiter und der Arzt gleichermaßen wohl fühlen. Der Schwabe Hans Braig aus Unterstadion, der Kellner und Koch gelernt hat, schwärmt von der schwäbischen Küche. Sein Zwiebelrostbraten steht weithin in gutem Ruf und seine Sauren Kutteln, die seine Frau immer donnerstags serviert, sowieso.

Männer mit Dampfmaschinen

Zweimal im Jahr, an Dreikönig und am 1. Mai, steht Jazz auf dem Programm der Brauereiwirtschaft. Warum? „Weil Jazz ganz einfach zu unserer Wirtschaft passt“, sagt Hans Braig. In der Tat: Das hohe braune Täfer, die rindslederbezogenen Bänke, die massiven Holztische, alte Fotos und alte Schützenscheiben an den Wänden, ebenso originale Baupläne der Wirtschaft und jahrhundertealte Urkunden haben zweifellos etwas Jazziges, im traditionellen Stil. Hinter dem tiefschwarzen Siegel einer solchen Urkunde verbirgt sich eine originelle Geschichte.

Einmal im Jahr verfällt der Mittwoch-Stammtisch, der praktisch seit Menschengedenken hier einkehrt, einem infantilen Spiel, das An- und Abdampfen heißt. Da werden kleine Dampfmaschinen angeschleppt und kräftig eingeheizt. Eines schönen Tages grölt diese illustre Männergesellschaft bei ihrem Spiel so laut, dass die in ihrer Ruhe gestörten Nachbarn die Polizei vorbeischicken. Als die Ordnungshüter etliche ausgewachsene Männer, mit einer kleinen Kanone hantierend, auf dem Boden sitzen sehen, keimt Neugier in den Beamten auf: Funktioniert dieses Ding überhaupt? Also wird das Rohr mit Schwarzpulver gestopft, mit einem Korken geladen und abgefeuert. Der rußgeschwärzte Korken schießt ohne großen Donner exakt unter den Text des Lehensvertrages für Michael Weber von 1666 – unter die Kopie natürlich – und besiegelt das Dokument. Bliebe lediglich noch zu beantworten, wo der Meisterschütze in dieser ausgewiesenen Bierwirtschaft einen Korken gefunden hat.

Das Café Hermes

Magnus und Sandra Wilfert, ein „Muschelschubser aus Sylt und eine Halbschwäbin aus Wain", sind die Wirtsleute des vielleicht schönsten Kaffeehauses in Oberschwaben.

Wer seinen Fuß in das „Café Hermes" in Laupheim setzt, fühlt sich geradezu göttlich beseelt. In der Eingangshalle wird man empfangen von einem farbigen Fries mit Bildern von Athene und Aphrodite, Poseidon und Persephone, Zeus und Hera, Artemis und Apollon, von Hades und von Hermes; Hermes ist Schutzherr der Reisenden, Gott der Händler. Gefangen von der klassischen Antike nimmt der Gast in fein geschwungenen italienischen Polsterstühlen Platz, umgeben von einer hohen dunklen massiven Holzvertäfelung, die aus einer Villa bei Lissabon stammt und genau dem Stil und dem Alter des Hauses (erbaut 1876) entspricht.

Rechtsanwalt Hermann Schick, dem das Gebäude heute gehört und der es Ende der Achtzigerjahre renovieren ließ, nachdem es per Gutachten tatsächlich für nicht sanierungsfähig eingestuft worden war, hat dieses mit Löwenköpfen bestückte Täfer bei einem Antiquitätenhändler in Gottmadingen entdeckt und gekauft. „Das ist es!", sagen sich Sandra und Magnus Wilfert, als sie Anfang 1995

die vier Meter hohen, edlen Räume zum ersten Mal betreten: „Das ist unser Café!" Mittlerweile sind die beiden Hotelfachleute seit viereinhalb Jahren Pächter des vielleicht schönsten Kaffeehauses zwischen Ulm und dem Bodensee.

Hermeskopf überm Eingang

Konditormeister Isidor Adler (1828–1916), der Bauherr, wählte für das 1876 errichtete Wohn- und Geschäftshaus in der Laupheimer Kapellenstraße eine reich gegliederte prunkvolle Fassade im Stil der Renaissance. Sämtliche Elemente der Fassade – Fensterkrönungen, Pilaster, Simse, Girlanden und Akanthusblätter – wurden im Ton eines Buntsandsteins bemalt, um den Eindruck eines steinernen Gebäudes zu erwecken. Außerdem ließ Adler, offenbar ein Verehrer der klassischen Antike, über dem Eingang einen Hermeskopf anbringen – zum Gefallen von Hermann Schick, einem von Theodor Haecker beeinflussten humanistischen Geist, der Hermes schließlich zum Namensgeber für sein Café wählte und das Innere wohl im Sinne Isidor Adlers gestalten ließ.

„Ein Muschelschubser aus Sylt und eine Halbschwäbin aus Wain“: So machen sich Magnus und Sandra Wilfert anfangs bei den Laupheimern per Inserat bekannt und der Muschelschubser ist im Gedächtnis der Kundschaft bis heute hängen geblieben.

Magnus und Sandra Wilfert mussten sich erst einstellen auf die bisweilen etwas träge, bodenhaftende Art der Oberländer. Manche gut gemeinte Idee verschwand wieder wie die Muschel im Sand. So entpuppte sich ein amerikanisches Büfett als Flop und auch Magnus Wilferts Faible, sich zum Gastwirt mit den meisten amerikanischen Weinen in Süddeutschland aufzuschwingen, wurde zum Schlag ins Wasser. „Das hat sich alles reguliert“, sagt er heute. „Wir haben uns frei geschwommen und uns auf jene Sachen konzentriert, die wirklich angenommen werden.“

Das „Hermes“ – die Karte weist es im übrigen als Wiener Kaffeehaus, kleines Restaurant und Vinothek aus – ist von 9.30 bis 23.30 Uhr durchgehend geöffnet. Es gibt Frühstück, Mittagstisch, Kaffee und Kuchen am Nachmittag und abends zum Wein eine kleine Karte. Das Teuerste darauf sind Riesengarnelen auf mariniertem Knoblauchbrot. Nur hier ist, wie Magnus Wilfert sagt, die „20-Mark-Schmerzgrenze“ überschritten. Wenn sie auch manch Überkandideltes über Bord geworfen haben, wollen die beiden jungen Wirtsleute dennoch ab und zu etwas Besonderes bieten, ein Sylter Fischbüfett am Aschermittwoch etwa oder einen Adventsbrunch, bei dem ein Nikolaus die Kinder ihrer Gäste beschenkt. Überhaupt sind die Wilferts, die selbst eine dreijährige Tochter haben, Kindern zugetan. Unter dem beeindruckenden Aeneaszyklus des Ulmer Künstlers Hermann Geyer (von Geyer stammen ausnahmslos alle Friese im „Hermes“) hängt eine kleine Galerie mit Bildern der jüngsten Gäste des Cafés. An Ostern und an Weihnachten dekoriert Sandra Wilfert das „Hermes“ einen

Tag lang „mit Kitsch und Glamour“ für ihre Gäste und auch ein wenig für sich selbst. Dann lässt sie ihre Phantasie laufen, frei nach dem Satz von Friedrich Adler: „Unser Leben wäre armselig, wenn uns nicht die Einbildungskraft, die Phantasie eingegeben wäre.“

Friedrich Adlers Geburtshaus

Friedrich Adler, einer jener Künstler, die den deutschen Jugendstil zu Beginn des 20. Jahrhunderts nachhaltig beeinflusst haben, ist am 29. April 1878 in diesem Haus in der Laupheimer Kapellenstraße 44 geboren; er hat hier seine Jugend

verbracht und hat auch später regelmäßig in seinem Vaterhaus gelebt. An ihn erinnert heute das wunderschöne „Adler-Zimmer“ im Café Hermes, in dem sich monatlich unter anderem ein Lesekreis Laupheimer Frauen trifft und der Verein „Geschichte und Gedenken“. In diesem Zimmer lebt der Geist dieses außergewöhnlichen Künstlers und Pädagogen weiter, der nach der Machtergreifung der Nationalsozialisten seine Professur verliert und im Juli 1942 nach Auschwitz deportiert und dort ermordet wird.

Laupheim

Der Rothe Ochsen

Peter Ebbinghaus, der Chef und Koch des „Rothen Ochsen“ in Laupheim, steht seit 1997 mit 13 Punkten im Gault Millau.

Liebe auf den ersten Blick ist es nicht gewesen, die Liaison zwischen dem Nordbadener Peter Ebbinghaus und dem „Rothen Ochsen“ in Laupheim. Wer im Hotel Erbprinz in Ettlingen Kellner und Koch gelernt und sich später im Steigenberger Hotel Stuttgart weitergebildet hat, tut sich nicht leicht, im Oberschwäbischen Tritt zu fassen, hier, wo Hochzeitssuppe und Zwiebelrostbraten weithin die Gipfel des Genusses bilden. Es waren wohl die drei Standbeine des „Ochsen“ (Restaurant, Fremdenzimmer und Weinstube), die Ebbinghaus und seine Frau Karin Ritter letztendlich bewogen haben, Deutschlands tiefen Süden als zweite Heimat zu wählen. Und sie haben's nicht bereut. In den elf Jahren, die sie mittlerweile in Laupheim wohnen, hat sich der „Ochsen“ als Hotel-Restaurant mit gehobener Gastronomie bestens etabliert.

Wie kaum ein anderes Haus verkörpert die „Schildwirtschaft zum Rothen Ochsen“ Laupheimer Gesellschaftgeschichte des 19. und 20. Jahrhunderts. 1812 kauft der jüdische Metzger Daniel Einstein das nach einem Brand 1808 neu erbaute Fachwerkhaus am Kapellenweg und

richtet darin eine Wirtschaft ein. 1814 erhält er die sogenannte „dingliche Wirtschaftsgerechtigkeit". Fortan ist ihm erlaubt, außen am Haus sein Schild „Zum Rothen Ochsen" anzubringen, um auf seine Konzession als Vollgasthof hinzuweisen. Damit verpflichtet er sich aber auch, jederzeit den Gästen mit Speis' und Trank aufzuwarten, eine festgelegte Zahl Personen und Pferde unterzubringen und seiner Kundschaft Schutz und Ruhe zu gewähren. 1846 wird im „Ochsen" von Max Sänger, dem Bruder des damaligen Ochsenwirts, der israelitische Leseverein „Konkordia" gegründet, der dort bald eine umfangreiche Bibliothek unterhält. In der zweiten Hälfte des 19. Jahrhunderts ist das Wirthaus ein gesellschaftlicher und kultureller Mittelpunkt des jüdischen wie nichtjüdischen Laupheim. So hat Carl Laemmle, der in Laupheim geborene Gründer Hollywoods und Präsident der Universal-Studios, hier in „seinem Palais" (so nannte Laemmle den „Ochsen" liebevoll) Filmgrößen wie Emil Jannings und Luis Trenker bewirtet.

Zu Beginn des 20. Jahrhunderts bestellt der damalige Ochsenwirt Albert Sänger in der Eisengießerei Buchau einen neu vergoldeten Ochsen für die Hausfront. Seine Stammgäste, die davon Wind bekommen, ändern

kurzerhand die Bestellung. Zur Überraschung Sängers wird eine Kuh geliefert (wie man heute übrigens noch sehen kann). Sänger, nicht dumm, läßt dem Tier das Euter abmontieren, um so, wenigstens notdürftig, einen Ochsen daraus zu machen. Die Retourkutsche seiner Stammgäste kommt prompt in Form einer Tafel am Haus: „Mein Herr, der Albert Sänger,/ der läßt mir keine Ruh, / er will mich immer melken, / ich bin doch keine Kuh.“

Und eben dieses Haus mit dieser Geschichte sollte abgebrochen werden, nachdem Maria Held, die 89-jährige Ochsenwirtin, am 12. Juni 1980 verstorben war. Damit wäre nach der Synagoge (zerstört in der Reichskristallnacht vom

9. auf 10. November 1938) und dem jüdischen Schulhaus (1969 abgebrochen) ein weiterer wichtiger öffentlicher Zeuge für Laupheims jüdische Vergangenheit vernichtet worden. Verhindert haben dies glücklicherweise einige Laupheimer, die 1980 eine Gesellschaft Bürgerlichen Rechts gründeten und den „Rothen Ochsen" zwischen 1982 und 1984 beispielhaft sanierten.

Bei Fisch lacht sein Herz

Wer heute bei Peter Ebbinghaus einkehrt, sieht und spürt es: Der „Rothe Ochsen" hat Stil. Die weiß gekalkte niedrige Gaststube mit den freigelegten fichtenen Original-Deckenbalken; die kleinteiligen Fenster mit dezenten Vorhängen; der Dielenboden und die großteils originale Holzvertäfelung –

alles zusammen wirkt auf den Gast stimmig, echt, glaubwürdig. Da ist nichts designt, nichts bloßer Schein.

Ein wenig verrät das Restaurant auch über die Wirtsleute selbst. Das Fähnchen, das die beiden hochhalten, heißt nämlich Glaubwürdigkeit. „Was auf unserer Karte steht, ist auch auf dem Teller", sagt Karin Ritter. Nähe zu schaffen, ohne aufdringlich zu sein, ist im „Rothen Ochsen" oberstes Gebot der Gastlichkeit.

Bei aller Liebe zum Anrichten zählt Peter Ebbinghaus nicht zu der Sorte von Köchen, die mehr Zeit auf die Dekoration als auf den Geschmack des Essens verwenden. Er, der seit 1997 mit 13 Punkten im Gault Millau zu Buche steht, freut sich vielmehr, etwas von seinem reichlichen Wissen regelmäßig an der Laupheimer Volkshochschule weiterzugeben;

Kursthema: Kochen mit dem Profi. Der Chef des „Rothen Ochsen“ ist leutselig. Nur in der Küche zu stehen, wäre ihm zu wenig. Wenn er, nach getaner Arbeit, an einen Tisch im Restaurant kommt, und die Gäste strahlen ihn an, macht ihn das stolz. „Da hängt man sich beim nächsten Mal wieder richtig rein“, sagt er. Und wenn etwas nicht in Ordnung war, gelobt er Besserung. „Man kann nicht immer alles perfekt machen“, schränkt Ebbinghaus durchaus selbstkritisch ein.

Das Herz des Kochs Ebbinghaus lacht, wenn er Fisch zubereiten soll; frischen versteht sich. Bei den Fischwochen des „Ochsen“ im Oktober läuft er jedes Mal zu Hochform auf. Und wenn sich hin und wieder Leute aus seinen Volkshochschulkursen ein Essen im „Ochsen" gönnen – weil es beim Profi, den sie als umgänglich kennen gelernt haben, doch ein ganzes Stück besser mundet – spätestens dann fühlt sich der Reigschmeckte Ebbinghaus als Laupheimer. Die viel beschworene Liebe auf den ersten Blick, behaupten übrigens nicht wenige, gibt es sowieso nicht.

Ochsenhausen

Der Seestern

Der „Seestern" in Ochsenhausen ist Strandcafé und Kneipe in einem und seine Terrasse wie geschaffen für den Sonnenuntergang.

Der Mann kennt Afrika offensichtlich besser als den Kreis Biberach. Während sich Bruno Köberle, auf der Terrasse des „Seesterns" sitzend, eine Zigarette dreht, spult er – nach 20 Jahren – die zig Stationen seiner ersten Afrikareise ab, so, als sei es gestern gewesen. Während zehn Jahren tourte Bruno Köberle ein gutes Dutzend Mal durch den Schwarzen Kontinent; zuerst aus Spaß und Abenteuerlust, später aus Geschäftsinteresse: er hatte Autos dorthin überführt und verkauft.

Nach dieser ziemlich waghalsigen Zeit – einmal, im Norden Kameruns, war der Bürgerkrieg im Tschad eine Flussbreite von ihm entfernt – stieg er 1986 im „Seestern" am Ziegelweiher mit ein. Gewirtet hatte er schon früher, als Fünfzehnjähriger aushilfsweise in den „Drei Tannen" in Ochsenhausen, jener Pinte, die heute bei den Mitvierzigern in beinahe legendärem Ruf steht. 1989 übernahm Bruno Köberle den Seestern als alleiniger Pächter; Besitzer ist seit eh und je die Stadt Ochsenhausen. Schon in der Planung hatte der „Seestern" in Ochsen-

hausen Wellen geschlagen. Der Pavillon, gedacht als Strandcafé, war Mitte der Fünfzigerjahre heftig umstritten. Als das luftig-leichte, terrassenumkränzte Rondell steht, sind plötzlich alle voll des Lobes. „Großes wurde gewagt“, schreibt der Chronist zur Eröffnung des Freibades am 17. Juni 1957, „Großes geschaffen“. Nur den örtlichen Gastronomen war der „Seestern“ aus Konkurrenzgründen ein Dorn im Auge. Sie hatten schließlich durchgesetzt, dass in dem Strandcafé am Ziegelweiher nur während der Badesaison bewirtet werden durfte. Das ist bis heute so geblieben.

Der „Seestern“ hat von 1. Mai bis 30. September geöffnet.

Treff der jungen Leute

Als Bruno Köberle die Kneipe im Sommer 1989 übernimmt, boomt sie förmlich. Der Seestern ist der Treff der jungen Leute aus Ochsenhausen

und Umgebung; sie kehren nicht einmal in der Woche ein, sondern drei-, viermal. Und Bruno Köberle, ein waschechter Ochsenhauser, kennt sie alle. Seine Kundschaft sind großteils seine Kumpels. Die Stadtväter beäugen das Ganze mehr oder weniger skeptisch: Einer, der über Jahre hin ein Nomandendasein führte, ist jetzt Wirt in einem „städtischen Betrieb" – ob das wohl gut geht? Heute sitzt an schönen Sommertagen der ein oder andere dieser Skeptiker selbst auf der wunderschönen Terrasse bei einem Bier oder einem Glas Wein.

80 Tonnen auf dem Buckel

Den Charme des „Seesterns" macht zweierlei aus. Erstens die Einrichtung des Pavillons. Sie ist, dem Alter der Kneipe entsprechend, im Stil der

Fünfzigerjahre gehalten; der Boden, milchig-gelbe Solnhofer Platten, und einige Wandlampen sind noch original; die Theke, die Bruno Köberle selbst entworfen hat, und die Spiegelverkleidung hinter dem Tresen sind den Fünfzigern nachempfunden. Zweitens die Lage. Der offen gestaltete Pavillon ragt mit seiner Terrasse in den Ziegelweiher, dessen Wasserfläche wiederum eingebettet ist in ein sommersattes Grün. „Seestern" und See sind geschaffen für den Sonnenuntergang – und für die Nacht, zumal, wenn ein Open-Air-Konzert läuft (das ist regelmäßig einmal im Jahr der Fall). Ob Rock oder Funk oder Salsa: Irgendwann im Lauf des Abends schwappt die Stimmung immer von der Bühne auf das Publikum über. Bis zu 2000 Leute, im Alter von 15 bis 50, belagern

in solchen Nächten die Liegewiese des Freibads.

Bruno Köberle hat den Ochsenhauser „Seestern“ zu dem gemacht, was er heute ist – gemacht im buchstäblichen Sinn. Er hat überall selbst Hand angelegt, wo immer nötig gezimmert, gemauert, gestrichen – so wie er es bei seinem eigenen Haus auch tat: dem einzigen Erdhügelhaus weit und breit übrigens und so wie bei seiner Hütte, die er vor etlichen Jahren auf La Palma spottbillig gekauft und umgebaut hat. Weil dieses Haus nur zu Fuß erreichbar ist, musste er während der mehrere Winter dauernden Umbauzeit 80 Tonnen (!) Material, Sand, Steine und Zement, mit dem Rucksack einen 700 Meter langen Weg hochschleppen. Heute ist Bruno Köberle auf dieses kleine Haus auf einem Felssporn über dem Atlantik ziemlich stolz. Bloß hat er, der Wirt und Familienvater, mittlerweile so gut wie keine Zeit mehr zum Urlaub machen.

Oggelshausen

Der Löwen

Die Dangels und der „Löwen" in Oggelshausen: Das ist eine gemeinsame Geschichte, seit der Bauer Alois Dangel 1905 in die Familie Würth eingeheiratet hat.

Wie Menhire aus keltischer Zeit steht ein Dutzend gewaltiger Skulpturen am Rand des Federsees im Ried bei Oggelshausen; sie sind die pralle künstlerische Ernte eines Bildhauer-Symposiums von 1969/70. Anton und Elisabeth Dangel, die Wirtsleute des „Löwen" in Oggelshausen, haben diese „herbe und schöne Zeit" in zwei dickleibigen Alben bewahrt – Bilder und persönliche Briefe, Zeitungsausschnitte und Postkarten der Künstler aus Böhmen und Frankreich, aus Brasilien und Japan. Den Japaner Makoto Fujiwara, einen der 15 Bildhauer, hatte die Löwenwirtin Maria Dangel, Anton Dangels Mutter, ins Herz geschlossen und ihm, der damals keine Arbeit hatte, nach dem Symposium für einige Zeit Kost und Logis zu Gotteslohn angeboten. Der „Löwen" war in den Sommern 1969 und '70 die zweite Heimat der Bildhauer. „Ich freue mich schon auf ein Wieder-

sehen und auf ihre Suppen" schrieb Obram Zoubec aus Prag der „Oma Dangel". Schon während des Krieges war der „Löwen" Herberge für Männer aus insgesamt elf Nationen, für Polen und Holländer und selbst für französische Schwerverbrecher, die täglich im Oggelshauser Wald Holz schlagen mussten. Und während die Stadt Biberach im April 1945 unter Beschuss stand, war die Gaststube des „Löwen" sogar Lazarett. „Ich hab' hier drin Leute sterben sehen", sagt der Wirt. Im August 1997 machten sich drei ehemalige holländische Soldaten mit ihren Familien auf, um die mittlerweile 86-jährige Löwenwirtin nach vielen Jahren noch einmal zu besuchen und sie kamen, wie das Schicksal so spielt, gerade zur Beerdigung der betagten Frau.

Die Dangels und der „Löwen" – das ist eine gemeinsame Geschichte, seit der Bauer Alois Dangel 1905 in die Familie Würth eingeheiratet hat. Und diese Linie wird auch künftig weitergeführt. Anton Dangels Sohn Reiner hat Koch gelernt im Berliner Hof in Biberach und in 3- und 4-Sterne-Hotels im schweizerischen Leukerbad. Mittlerweile ist er wieder zu Hause und steht mit der Mutter zusammen in der Küche. Im „Löwen" ist eins gewiss: Der Gast kriegt genügend aufs Teller; hungrig steht hier keiner

auf. Und der Schnaps des Wirts, ob Marille oder Williams, ist ein Genuss. Wem das allfasnetliche Kaffeekränzle ein Begriff ist, der kennt auch Elisabeth Dangels Backkünste. 17 verschiedene Kuchen und Torten stehen an diesem Nachmittag im „Löwen" zur Auswahl, nicht mitgezählt ihr vorzügliches Zopfbrot.

Vom Dorf allein könnten die Dangels heute allerdings nicht mehr leben. Die Zeiten, da nächtelang Karten gespielt wurde, Zeiten, in denen der „Löwen" der Treffpunkt der Dorfjugend war, sind längst vorbei. „Die heute 40-Jährigen fühlten sich bei uns wie daheim", sagt Elisabeth Dangel, „wir kannten ihre Sorgen und ihre Liebschaften." Die jungen Leute von heut' ziehen es vor, entweder in den Sportheimen oder in den sogenannten Buden einzukehren. Mittlerweile gibt es im Landkreis Biberach neben den 900 Wirtschaften

immerhin rund 400 Buden. Auch das Sitzleder der Kundschaft ist heute nicht mehr so dick wie früher, obwohl der Wirt nichts von seinem erfrischenden Witz eingebüßt hat.

Im Suff in ein Loch gefallen

Was waren das für Zeiten, als der „Löwen“ Ort des Zahltages für die Waldarbeiter war und für die Bauern, die dort ihr Milchgeld abholten. Zahltag hieß: Einkehrtag. Einem der Stammgäste füllten sie an so einem Einkehrtag heimlich den Rucksack mit Steinen. Schwer bepackt machte sich der Düpierte spät nachts im Suff auf den Heimweg und fiel unterwegs mit einem Rums in ein Loch. Er hatte den Umstand vergessen, dass im Dorf Kanalisationsarbeiten im Gange waren.
Eine wichtige Einnahmequelle ist den Dangels nach wie vor ihr Saal. Dort

wird noch Theater gespielt und Hochzeit gefeiert.
Bei der allerersten goldenen Hochzeit, die Elisabeth Dangel im „Löwen" als Wirtin mitbekommen hat, mussten die Geschenkberge der Jubilare – man höre und staune – sinnigerweise mit dem Erntewagen abgeholt werden.

Der „Löwen" ist eine gemütliche, holzgetäfelte Dorfwirtschaft, in der noch Blumen Platz haben, Schnitzereien und Bilder. Dem Gast, der geht, fällt auf dem Weg zur Tür ein großformatiges Ölbild ins Auge, gemalt in Anton Dangels Auftrag von dem inzwischen verstorbenen Oggelshauser Max Sauter: das Skulpturenfeld in frühlingshellen Farben. Die Wirtsleute wollen damit ein Stück eigenwillige Kunst in einer eigenwilligen, gottverlassenen Gegend ins Bewusstsein rufen. Die Kurstädte Saulgau und Bad Buchau hätten sich damals vehement bemüht, die sperrigen Objekte aus Stein für ihre Parks zu ergattern, erinnert sich Anton Dangel, doch Gustav Laib, der Initiator des Symposiums, habe anders entschieden. „Zu Recht!", meint der Wirt.

Wer im Federseeried südlich von Oggelshausen spazieren geht, findet auch die flache Skulptur des Bildhauers Makoto Fujiwara (er ist mittlerweile Inhaber von zwei Professuren); sie symbolisiert einen Tisch. Dieser Tisch soll für lange Zeiten eine Stätte der Begegnung und des Gesprächs sein, hat der Japaner damals gesagt: „Gehen Sie zu den Steinen. Schauen Sie die Steine an! Schauen Sie die Wiesen an! Schauen Sie den Himmel an! Sagen Sie zu den anderen Menschen die dort sind, etwas. Sagen Sie, was Sie denken." Makoto Fujiwara, der Freund des Hauses Dangel, spricht dem Löwenwirt und Landwirt Anton Dangel gewiss aus der Seele.

Riedlingen

Das Tapas

Noch heute hat Udo Mailach, einer der beiden Wirte des „Tapas“, den Geruch der Küche von Mutter Sierra Gomez in der Nase. Kindheitsgerüche: Koriander, Kreuzkümmel, Knoblauch.

Am Gallusmarkt 1992 gehen Udo Mailach und Frank Bleicher in das Gasthaus „Ulmer“ zum Einkehren. Alle Riedlinger gehen am Gallusmarkt zum Einkehren. Demzufolge sind auch alle Wirtschaften voll. Nur der „Ulmer“ ist an diesem Oktobertag leer. Der „Ulmer“ und leer – das ist, wie wenn die Donau von Sigmaringen her urplötzlich kein Wasser mehr brächte. In den Achtzigerjahren war der „Ulmer“ die Schülerkneipe Riedlingens. (Der Name rührt übrigens vom Ulmer Postwagen her, welcher schon zu Zeiten der Thurn- und Taxisschen Reichspost in diesem Gebäude regelmäßig Quartier bezog.) In unnachahmlicher Art hatten Alfons und Hedwig Stützle es verstanden, mit ihrer jungen Kundschaft umzugehen. Doch mit den neuen Pächtern ging es

mit der Wirtschaft rapide bergab. Weil Mailach und Bleicher dies nicht wahrhaben wollten, erkundigten sie sich bei der zuständigen Brauerei und erhielten tatsächlich den Zuschlag, im „Ulmer“ eine spanische Bar einzurichten.

Paella, Tortilla, Tapas

Warum spanisch? Vor 30 Jahren hatte es rund 30 Gastarbeiterfamilien aus Andalusien nach Unlingen verschlagen. Mit den Kindern dieser spanischen Familien ist Udo Mailach aufgewachsen; später stieß der Daugendorfer Frank Bleicher zu jener Clique. Bald waren die beiden Oberschwaben jeden Sommer im Urlaub in Spanien. Anfang der Neunzigerjahre, wieder mal am Tresen einer Bar in Andalusien, zündete, vielleicht in einer Weinlaune, der Funke: Man könnte doch daheim eine Bar in spanischer Art umtreiben. Und wie gesagt: Im „Ulmer“ lief nichts mehr zu dieser Zeit.
Den Eröffnungsabend im Sommer 1992 gestalten, stilgerecht, eine Flamenco-Tänzerin mit Sänger und

zwei Gitarristen. Eine spanische Köchin zaubert Tapas, frische, heiße Häppchen zu Bier und Wein. Das „Tapas" – so bezeichnen die Wirte fortan das ehemalige Gasthaus zum „Ulmer" – wird rasch zum Begriff. Die Wirtschaft ist wieder das, was sie unter den Stützles war: meist brechend voll. Bleicher und Mailach legen sich mächtig ins Zeug. Sie servieren ihrer Kundschaft Paella und Tortilla und ein halbes Jahr lang kostenlos warme Tapas. Die Riedlinger reagieren auf dieses Gratisangebot jedoch verhalten bis skeptisch. Typisch! Wenn der Oberschwabe etwas geschenkt bekommt, muss irgendetwas faul sein an der Sache, oder alt: „Hand'r dia ibrig?" heißt es trocken, oder: „I hau scho gväschbred!" Wer nicht will, hat gehabt, sagen sich die Wirte und verzichten auf die Tapas. Dafür servieren sie Musik. Nach einem knappen Jahr ist im „Tapas" Rockmusik angesagt,

und zwar so lange, bis die Polizei ständig vor der Tür steht, weil die Nachbarschaft rebelliert.

Kindheitsgerüche

Apropos Rebellion. So richtig rebelliert worden ist im „Ulmer" vor 150 Jahren. 1848/49 gehörte Riedlingen zu den Brennpunkten der demokratischen Bewegung im Oberland und die Gasthäuser waren zentrale Orte der

Diskussion. Hier wurde, ohne dass jemand ein Blatt vor den Mund nahm, politisiert. Und die Riedlinger Zeitung wagte es damals als einzige im Oberland, einen revolutionären Aufruf zu veröffentlichen: „Mitbürger, deutsche Männer! Die Stunde hat geschlagen! Der Augenblick ist gekommen, dem Volk sein uraltes Recht, seine Souveränität wiederzugeben und das unerträgliche Joch abzuschütteln. Mitbürger, der Augenblick ist groß und heilig! Die Volkssouveränität ist hiermit feierlich ausgesprochen!" Das war mutig. Und die mutigsten Bürger der Stadt hatten am 8. Juli 1848 im „Rössle", „nach vielfach ausgesprochenem Wunsch", einen demokratischen Verein gegründet, der dem Prinzip der Demokratie huldigte. Der Verein traf sich reihum in einer Wirtschaft nach der andern; am 27. Juli saß man im „Ulmer" bei Matthäus Buck, diskutierend und Freiheitslieder singend.

Die Zeiten sind ruhiger geworden im ehemaligen „Ulmer", die Musik viel leiser. Mailach und Bleicher legen heute wieder großen Wert auf das

Essen. Ihr kleines bescheidenes Restaurante im hinteren Teil der Bar ist am Wochenende gut besetzt. Udo Mailach kocht für seine Gäste Paella und Pinchitos, Carbonero und Chorizo. Noch heute hat er den Geruch der Küche von Mutter Sierra Gomez aus Unlingen in der Nase. Kindheitsgerüche: Koriander, Kreuzkümmel, Knoblauch. Das sind auch heute seine wichtigsten Gewürze. In der kühlen Jahreszeit, zwischen Gallusmarkt und Flohmarkt nämlich, werden inzwischen wieder frische heiße Tapas serviert, und zwar immer freitags zum Feierabend. Die Kundschaft, regelmäßig 30, 40 Leute, schätzt diese Häppchen mittlerweile. Später, gegen 22 Uhr, kommen jene, für die das „Tapas", genauer gesagt der lange Tresen der Bar, schlicht Mittelpunkt der Welt ist, jedenfalls Freitag- und Samstagnacht. In Vierer- oder Fünferreihen stehen sie dann oft stundenlang mit dem Glas in der Hand, alle möglichst nah zum Zentrum, der Theke. „Da kann wirklich keiner mehr umfallen", sagt Frank Bleicher.

Die Linde

Das Gasthaus zur „Linde“ in Rot an der Rot ist ein Familienbetrieb in der vierten Generation.

„Do fress i koin Zentner Salz“, soll der Franke Karl Ludwig in der ihm eigenen unverblümten Art gesagt haben, als er in den frühen Zwanzigerjahren als junger Lastwagenfahrer nach Rot an der Rot kam und das Langholzauto des gräflichen Forstamtes übernahm. Er blieb schließlich bis zu seinem Tod. 1925 heiratete Karl Ludwig die einheimische Magdalena Kiefer und im Oktober 1927 pachtete er die Wirtschaft „zur Linde“. Das Dorf wurde ihm zur Heimat und sein Name vielen im Oberland zum Begriff: „Dr Lendawirt vo Rot“.

Ein Herz für arme Schlucker

Heute, mehr als 70 Jahre später, ist ein Urenkel Karl Ludwigs Chef des Gasthauses mit Pension. Der Lindenwirt aber, dessen Porträt noch immer an prominenter Stelle über dem Stammtisch hängt, lebt weiter, jedenfalls in einer Geschichte, die der gräfliche Forstdirektor Hermann Koch weiland seinem Dienstherrn, dem Grafen Franz zu Erbach-Erbach und von Wartenberg-Rot zu dessen 50. Geburtstag nebst „andern

meist wahren“ Geschichten aus dem Odenwald und Oberschwaben zugeeignet hat.

Koch erinnert sich: Karl Ludwigs Langholzauto mit Vollgummibereifung, Kettenantrieb und 27 km/h Höchstgeschwindigkeit hatte naturgemäß unzählige Pannen und schwierige Situationen zu meistern. Aus dieser Zeit stammte wohl auch der unerschöpfliche Vorrat an Flüchen, welcher dem Lindenwirt stets zu Diensten war. Seinen Gästen gegenüber sei er zeitweise von einer „erfrischenden und erfreulichen Saugrobheit“ gewesen, die vor nichts und niemandem zurückschreckte und manchen veranlasste, tief beleidigt das plötzlich unübersichtlich werdende Feld des runden Tischs zu räumen (und tags darauf selbstverständlich wieder dazusitzen). Karl Ludwig sei ein regelrechter Wahrheitsfanatiker gewesen, schreibt Koch, aber auch von einer vorbildlichen Hilfsbereitschaft: So habe er manchem armen Schlucker hilfreich unter die Arme gegriffen, ohne Aufhebens davon zu machen, obwohl er selbst keineswegs mit Glücksgütern gesegnet gewesen sei. Das Schicksal hat den Lindenwirt Karl Ludwig nämlich hart angefasst. Als er nach jahrelanger russischer Kriegsgefangenschaft 1948 heimkehrt, muss er erfahren, dass seine Frau gestorben und sein einziger Sohn gefallen ist. „Seine drei Töchter“, schreibt Hermann Koch in seiner „wahren Geschichte“, „haben ihm dann treu und brav den Haushalt geführt; er konnte sich einer wachsenden Schar von Enkeln erfreuen, bis ihn 1968 der Tod im Schlaf ereilte“.

Fremde werden Freunde

Das zugleich gutmütige und grimmige Wesen des Lindenwirts ist auch auf seinen Enkel Hermann Armbruster übergegangen, der die Wirtschaft 1971 als junger Mann gekauft und ihr Aussehen im Lauf der Jahre grundlegend verändert hat. Auch ihn hat das Schicksal ein-, zweimal gebeutelt. Hermann Armbruster, ein schwäbischer Bruddler und Schaffer, hat aus dem Wirtshaus mit dem runden Tisch ein großzügiges Gasthaus mit Pension (samt Sauna und Biergarten) gemacht. Wer als Fremder in der „Linde“ Quartier nimmt, gehört später nicht selten zum Freundeskreis. Bleibt nach einer Familienfeier Kuchen übrig, wird der ein oder andere Gast schon mal gefragt, ob man ihm ein Stück anbieten dürfe – umsonst natürlich. Die „Linde“ ist ähnlich wie der „Löwen“ oder der „Hirsch“ nach wie vor fest im Roter Dorfleben verankert. Montags und freitags gibt es einen Stammtisch, an dem wie eh und je

Sprüche geklopft werden. Ebenfalls montags, nach der Probe, kehrt der Musikverein hier ein, jeden zweiten Sonntag der Fußballverein. Jahrgängerfeiern, Geburtstage und „Totenmahle" sind in der „Linde", und manchmal Hochzeiten. Wenn ein junger Roter heiratet, ist die „Linde" trotz ihrer 130 Plätze allerdings oft zu klein, weil die jungen Brautleute häufig in zwei oder drei Vereinen aktiv sind. Zur Hochzeitsfeier muss in solchen Fällen die Turnhalle herhalten.
Mit Jörg Armbruster, der das Gasthaus im Januar 1999 von seinem Vater übernommen hat, ist ein neues Kapitel der

Geschichte der „Linde“ aufgeschlagen worden: Die „Gockelwirtschaft“ mausert sich zum Speiselokal. Jörg Armbruster ist Koch; gelernt hat er im Kurhaus in Bad Wurzach. Über die Qualität seines Essens sagt er leise und bescheiden: „gut bürgerlich“. Wer wissen will, was hinter dieser typisch oberschwäbischen Formel steckt, teste den Zwiebelrostbraten in der „Linde“ in Rot an der Rot. Die gerösteten haarfeinen Zwiebel sind eine Augenweide und der Rostbraten eine Gaumenfreude.

Saulgau

Die Kleber-Post

Die Gastlichkeit und der gute Ruf trugen den Namen des 4-Sterne-Hotels „Kleber-Post“ in Saulgau schon früh hinaus in die Welt.

„Das Saulgauer Hotel ‚Kleber-Post’ ist gerettet!“ Als diese Zeitungsmeldung am Freitag, 20. Februar 1998, durchs Oberland geht, hat Andreas Kleber die härteste Zeit seines Lebens hinter sich. Ein Freundeskreis aus 23 Stammgästen half dem renommierten oberschwäbischen Haus mit 1,3 Millionen Mark. Das Familienunternehmen Kleber hatte 1995 an das Traditionshaus ein neues Hotel mit 59 Zimmern und Suiten angebaut. Die sich verschlechternde wirtschaftliche Situation bringt die Kleber-Post, obwohl sie in dieser Zeit ein Umsatzplus von 36 Prozent macht, in finanzielle Schieflage. Weil etliche betuchte Gäste aus Saulgau und Biberach das Hotel nicht sterben lassen wollen, gründen sie eine Betreibergesellschaft, die den über 300 Jahre alten Familienbetrieb auffängt.

Der Kleber-Express

Mittagszeit, 12.47 Uhr, Bahnhof Saulgau: einfährt der „Kleber-Express“. Dieser Eilzug von Freiburg nach München ist der einzige deutsche Regionalexpress mit Namen – „Kleber“ nämlich. Andreas Kleber, der das Hotel heute zusammen mit seiner Frau Johanna führt, ist von Kindheit an leidenschaftlicher Eisenbahner. Er hat wesentlichen Anteil daran, dass dieser Zug, der übrigens wunderschöne Landstriche, das Donautal und das Allgäu, durchquert, heute noch fährt. Wäre es nach Verkehrsminister Gscheidle gegangen, hätte man die Strecke schon 1978 stillgelegt. So aber bringt der Kleber-Express heute noch Kundschaft in die „Kleber-Post“.

Ein wenig seltsam oder sagen wir besser wunderlich mutet die Atmosphäre in diesem 4-Sterne-Hotel schon an. Wunderlich insofern, als

hier der Weg vom Heute ins Gestern nur über einen kleinen grünen Innenhof führt: hier der lichtdurchflutete neoklassizistische Hotelneubau, dort das Poststüble und der Barocksaal. Diese beiden Räume, das Poststüble und der Barocksaal, erzählen dem einkehrenden Gast anhand Hunderter Zitate die lange Geschichte der Wirtsfamilie Kleber.

Der Metzger als Postmeister

Diese Geschichte beginnt am 16. Juli 1671 mit Johann Eberle, einem energischen, zupackenden Metzger aus Saulgau. Eberle, der Wirt des „Gasthofs zum Engel" – so hieß die „Kleber-Post" bis zum Anfang des 19. Jahrhunderts – ist als Zunftmeister der Metzgerinnung nach der „Post- und Metzgerverordnung" auch zuständig für die Post, vermutlich, weil alle Metzger Pferde besaßen und als handfeste Kerle galten, denen man in diesen unruhigen Zeiten getrost die Post anvertrauen konnte. Eberle war ein allseits tüchtiger, tapferer Mann, dem seine erste Frau Anna Maria Bibiser 13 Kinder gebiert und die zweite Anna Maria Amman weitere acht. Nach Johann Eberle ist der „Engel" 200 Jahre lang Poststation geblieben. Andreas Kleber, ein 1791 in Riedlingen geborener Konditor, heiratet 1813 in den „Engel" ein und wird per Urkunde vom 22. April 1820 Posthalter der Fürsten von Thurn und Taxis; er ist es auch, der aus dem „Engel" die „Post" macht. Seit Fritz Kleber, dem Großvater des heutigen Besitzers, heißt das Gasthaus schließlich „Hotel Kleber-Post". 1948 übernimmt Hermann Kleber das Hotel von seinem Vater Fritz.

Die Gastlichkeit und der gute Ruf tragen den Namen des Hotels bald hinaus in die Welt. Die erste Landräte-Konferenz nach dem Zweiten Weltkrieg tagt in der „Kleber-Post", fast alle Bundeskanzler, außer Willy Brandt, sind zu Gast, ebenso der schwedische König und, regelmäßig, der Schriftsteller Ernst Jünger.
Überhaupt die Schriftsteller! In der „Kleber-Post" in Saulgau wird im September 1977 ein wichtiges Kapitel der Nachkriegsliteratur geschlossen: Die „Gruppe 47" löst sich auf. Ein

letztes Mal versammelt sich diese 1947 am Bannwaldsee im Allgäu gegründete, ebenso einflussreiche wie umstrittene Gruppe von Literaten und Kritikern weit ab vom Schuss im Oberland. Uwe Johnson ist da, Walter Höllerer, Helmut Heißenbüttel, Wolfgang Hildesheimer, Siegfried Lenz, Ilse Aichinger, Carl Amery, Günther Grass und viele andere. Grass, dessen „Butt“ gerade erschienen ist, liefert sich in der „Kleber-Post“ einen verbalen Schlagabtausch mit Marcel Reich-Ranicki. Der Schriftsteller wirft der Literaturkritik vor, sie scheue das Wagnis, messe Neuerscheinungen immer nur am bereits Gehabten und denke in überkommenen Kategorien. Kurz: Im Feuilleton würden mit dem Instrumentarium der Fünfzigerjahre Funken geschlagen, während sich die Literatur weiterentwickle.

1978 kommt Grass wieder nach Saulgau. Hans-Werner Richter, der „Vater der Gruppe 47“, feiert in der „Kleber-Post“ seinen 70. Geburtstag, und Grass macht Richter ein Geburtstagsgeschenk von hohem literarischem Wert: Er widmet ihm seine Erzählung „Das Treffen in Telgte“, die erst ein Jahr später in Buchform erscheinen wird. Mit virtuoser Fabulierkunst beschreibt Grass in diesem Buch, was hätte sein können, wenn deutsche Barockdichter tatsächlich einmal so zusammengefunden hätten wie 300 Jahre später die „Gruppe 47". Warum Hans-Werner Richter Deutschlands Dichterfürsten insgesamt fünfmal nach Saulgau gelotst hat, beantwortete er einmal so: „Das Essen und die Atmosphäre in der Kleber-Post."

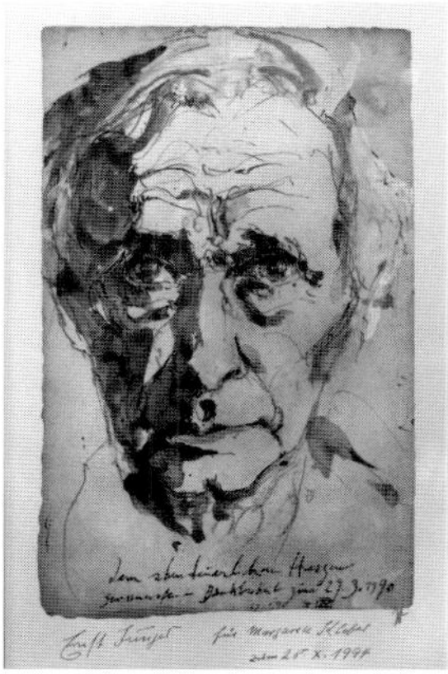

Wanderjahre in der Gastronomie

Mit dem schweren Gepäck der Tradition auf dem Rücken geht der 17-jährige Andreas Kleber 1964 in die Lehre als Koch auf den Petersberg nach Bonn. Bis 1975 ist er, mit wenigen Unterbrechungen, weit weg von zu Hause. Er absolviert die Hotelfachschule in Lausanne und arbeitet dort eine Zeit lang im Service des Palace-Hotels; anderthalb Jahre verbringt er im Claridge's in London als Assistant Manager; es folgen Monate im „Steigenberger" in Bonn und im Grand-Hotel in Oslo. 1975 macht er in Heidelberg die Meisterprüfung als Koch. Am 17. März 1975 kehrt er schließlich heim, weil sein Vater Hermann seinen zweiten Schlaganfall erlitten hat. Die Zeit in England hat den heute 52-jährigen Oberschwaben Andreas Kleber maßgeblich geprägt und ihm vieles mitgegeben für seinen weiteren Lebensweg. Von dort hat er auch den Satz des Premiers Edward Heath mit nach Saulgau gebracht, in schwierigen Zeiten nach Auswegen zu suchen und nicht nach Sündenböcken.

Die Wirtshäuser im

Überblick

Aulendorf

Wirtshaus „Alte Apotheke"
Michael Kremser
Hauptstraße 41, 88326 Aulendorf
Telefon 07525/60541
Telefax 07525/7897
Die besondere Empfehlung:
Cocktails/Langschläferfrühstück
Öffnungszeiten (kein Ruhetag):
Mo bis Fr 11 bis 1 Uhr
Sa und So 10 bis 1 Uhr

Bad Schussenried

„Weinstadl", Heinz Abt
Wilhelm-Schussen-Straße 24
88427 Bad Schussenried
Telefon 07583/2267
Telefax 07583/91255
Die besondere Empfehlung:
Steaks und Schnitzel aus der Pfanne
Öffnungszeiten/Ruhetag:
Mo bis Fr 14 bis 24 Uhr, Sa und So
ab 17 Uhr; Mittwoch Ruhetag

Bad Waldsee

Hotelgasthof „Grüner Baum"
Berthold Schmidinger
Hauptstraße 34, 88339 Bad Waldsee
Telefon 07524/97900
Telefax 07524/979050
Die besondere Empfehlung:
Kutteln, Forellentatar im Dinkelflädle
Mittwoch Ruhetag

Bad Waldsee

Restaurant „Möhrenpick“
Bernd Matthäus
Herrgottsgasse, 88339 Bad Waldsee
Telefon 0 75 24/66 47
Die besondere Empfehlung:
Überraschungsmenü
Öffnungszeiten/Ruhetag:

Di bis Fr	11.30	bis 14 Uhr
	18	bis 24 Uhr
Sa	18	bis 24 Uhr

Samstag und Montag Ruhetag

Bad Wurzach

Gasthof „Adler“
Silvia und Bernd Gut
Schloßstraße 8, 88410 Bad Wurzach
Telefon 0 75 64/9 30 30
Telefax 0 75 64/9 30 40
Die besondere Empfehlung:
geschmortes Rehschäufele mit Preiselbeeren, Spätzle und Rotkohl
Öffnungszeiten/Ruhetag:
täglich 10 bis 15 Uhr, 17 bis 23 Uhr
Montag Ruhetag

Berkheim

Gasthof „Ochsen“
Josef Raidt
Alte Steige 1, 88450 Berkheim
Telefon 0 83 95/9 29 29
Telefax 0 83 95/9 29 55
Die besondere Empfehlung:
schwäbische Spezialitäten;
Most (während des ganzen Jahres)
Öffnungszeiten/Ruhetag:
täglich 6.30 bis 24 Uhr
Sonntag Ruhetag

Dietmanns

Gasthaus „Adler“ bzw. *„Adler-Livebühne“*
Iris und Dieter Hierlemann
Ochsenhausener Straße 44
88410 Bad Wurzach/Dietmanns
Telefon 0 75 64/9 12 32
Telefax 0 75 64/9 12 33
Die besondere Empfehlung:
Schweinelendchen in Madeirasoße; speziell im Herbst: Wildschweinbraten und Sauerkirschenwein
Öffnungszeiten/Ruhetag:
täglich ab 10 Uhr durchgehend
Küche von 11.30 bis 14 Uhr
und 17 bis 22 Uhr
Dienstag und Mittwoch Ruhetag

Ehingen-Berg

Brauereiwirtschaft Berg
Hans Braig
Graf-Konrad-Straße 21
89584 Ehingen-Berg
Telefon 0 73 91/63 09
Telefax 0 73 91/75 21 99
Die besondere Empfehlung:
Biergerichte (Schweinebäckchen in Ulrichsbiersoße, Bierkrustenbraten, Schwäbische Kupferpfanne)
Öffnungszeiten/Ruhetag:
täglich 10 bis 14 Uhr, 17 bis 24 Uhr
Dienstag Ruhetag

Laupheim

Café „Hermes"
Magnus und Sandra Wilfert
Kapellenstraße 44, 88471 Laupheim
Telefon 0 73 92/8 01 33
Die besondere Empfehlung:
Fladenbrote, selbstgebackene Kuchen, Hermes-Brunch
Öffnungszeiten/Ruhetag:
Di bis Sa 9.30 bis 23.30 Uhr
So 10.30 bis 18.00 Uhr
Montag Ruhetag

Laupheim

„Schildwirtschaft zum Rothen Ochsen"
Peter Ebbinghaus und Karin Ritter
Kapellenstraße 23, 88471 Laupheim
Telefon 0 73 92/60 41
Telefax 0 73 92/1 67 65
Die besondere Empfehlung:
Lammrücken mit Kräuterkruste, Neipperger Lemberger
Öffnungszeiten/Ruhetag:
täglich 11.30 bis 14 Uhr, ab 18 Uhr
Dienstag und Samstagnachmittag geschlossen

Ochsenhausen

Café „Seestern" am Freibad
Bruno Köberle
Ziegelweiher 1, 88416 Ochsenhausen
Telefon 0 73 52/38 42
Die besondere Empfehlung:
heiße Seelen, danach Eis-Drinks
Öffnungszeiten:
1. Mai bis 30. September

Oggelshausen

Gasthaus „Löwen“
Anton Dangel
Biberacher Straße 8
88422 Oggelshausen
Telefon 07582/8163
Telefax 07582/1509
Die besondere Empfehlung:
Zwiebelrostbraten und
Hausmacherplatte mit Schnaps
Öffnungszeiten/Ruhetag:
täglich 11 bis 23.30 Uhr
Montag Ruhetag

Riedlingen

Bar „Tapas“
Frank Bleicher und Udo Mailach
Weilerstraße 17, 88499 Riedlingen
Telefon 07371/13893
Telefax 07371/10131
http://www.bar-tapas.de
E-Mail: info@bar-tapas.de
Die besondere Empfehlung:
Spanischer Abend im Patio Andaluz
(Gruppen von 6 bis 20 Personen
auf Vorbestellung), Original
spanische Paella, Tapas Sangria
Öffnungszeiten/Ruhetag:
täglich 17.30 bis 1 Uhr, Küche
bis 22.30 Uhr, Tapas bis 24 Uhr
kein Ruhetag

Rot an der Rot

Gasthaus „Linde“
Jörg Armbruster
Lindenplatz 5, 88430 Rot a. d. Rot
Telefon 08395/1493
Telefax 08395/7942
Die besondere Empfehlung:
Zwiebelrostbraten, Kässpätzle
Öffnungszeiten/Ruhetag:
täglich 11 bis 14 Uhr, ab 16 Uhr
Donnerstag Ruhetag

Saulgau

Ringhotel „Kleber-Post“
Andreas Kleber
Hauptstraße 100, 88348 Saulgau
Telefon 07581/501-0
Telefax 07581/501-461
http://www.Ringhotels.de
und (ab 1. März 2000)
http://www.Kleber-Post.de
E-Mail: kleber-post@t-online.de
Die besondere Empfehlung:
Federsee-Weller „Chef Cuisinier“
(mit in Cognac abgelöschter
Wellerleber und Kräuterbutter,
auf Blattspinat, Reibeküchle)
Öffnungszeiten/Ruhetag:
täglich Küche geöffnet von
11.30 bis 14 Uhr, 18 bis 21.30 Uhr,
kleine Küche bis 22.30 Uhr
kein Ruhetag

Die Wirtshäuser

Lageplan

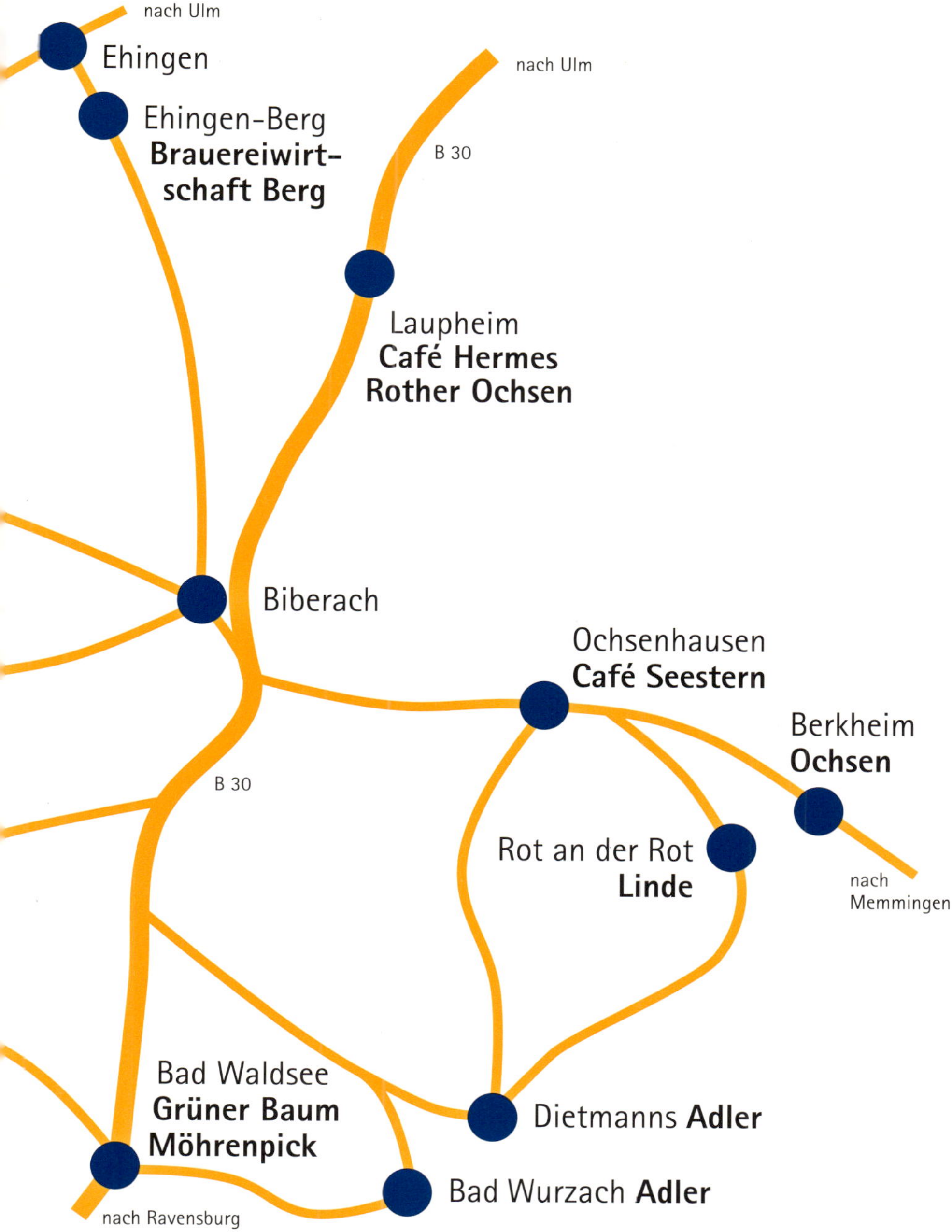
nach Ulm
Ehingen
Ehingen-Berg
Brauereiwirtschaft Berg
nach Ulm
B 30
Laupheim
Café Hermes
Rother Ochsen
Biberach
Ochsenhausen
Café Seestern
Berkheim
Ochsen
B 30
Rot an der Rot
Linde
nach Memmingen
Bad Waldsee
Grüner Baum
Möhrenpick
Dietmanns Adler
Bad Wurzach Adler
nach Ravensburg

Die Autoren

Achim Zepp
Geboren 1958 in Rot an der Rot. Studium für das Lehramt am Gymnasium in den Fächern Geschichte, Sport und Geographie an der Universität Tübingen. Anschließend Volontariat beim Reutlinger Generalanzeiger. Seit 1985 Redakteur der Schwäbischen Zeitung Biberach.

Volker Strohmaier
Geboren 1968 in Laupheim. Studium für das Lehramt an der Realschule an der Pädagogischen Hochschule Weingarten. Volontariat bei der Fotoagentur Baumann in Ludwigsburg. Seit rund elf Jahren fotografiert er unter anderem für die Schwäbische Zeitung Biberach.